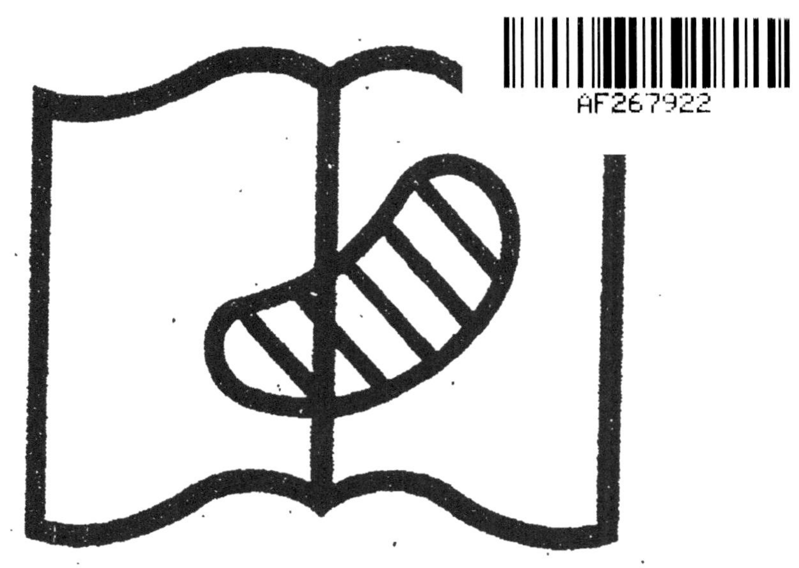

Original illisible

NF Z 43-120-10

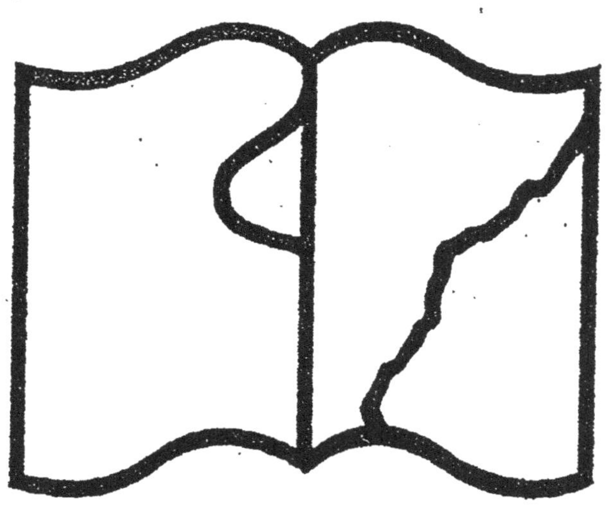

Texte détérioré — reliure défectueuse

NF Z 43-120-11

"VALABLE POUR TOUT OU PARTIE
DU DOCUMENT REPRODUIT".

LA MISSION DE L'OUBANGHI

LA MISSION

DE

L'OUBANGHI

CONFÉRENCE

Donnée le 3 juin 1890

PAR LE

R. P. AUGOUARD

PRO-VICAIRE APOSTOLIQUE DU CONGO

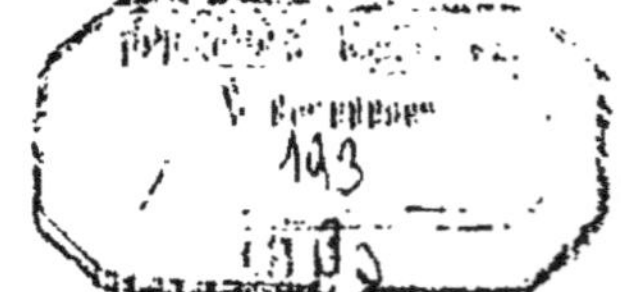

POITIERS

TYPOGRAPHIE OUDIN ET Cie

4, RUE DE L'ÉPERON, 4

1890

MISSION DE L'OUBANGHI

L'immense continent africain, encore si peu connu il y a vingt-cinq ans, a tenté les explorateurs et stimulé l'ardeur toujours renaissante des apôtres de l'Evangile. Les régions que nos cartes d'écoliers dénommaient jadis « *pays inconnus* » se dessinent peu à peu : rien n'effraie nos intrépides voyageurs et les pavillons européens flottent désormais presque sur tous les points de l'Afrique centrale.

Ce qui réjouit nos cœurs de catholiques et de Français, c'est que notre pays n'est pas demeuré en arrière dans le grand mouvement de civilisation chrétienne qui s'étend chaque jour.

Parmi les hommes qui ont attaché leur nom à ces pacifiques conquêtes, le Poitou est heureux de compter un des siens, le R. P. Augouard qui, parti il y a treize ans au Gabon, est devenu l'un des principaux colonisateurs du Congo français où il a fondé d'importantes Missions, entre autres, Saint-Joseph de Linzolo, chrétienté florissante dont la bienfaisante influence s'étend dans un immense rayon.

Les missionnaires ne s'arrêtent jamais ; ils vont, obéissant à la parole divine, partout où ils peuvent éclairer les esprits, et réagir contre l'incroyable décadence où sont tombées ces pauvres peuplades sauvages.

Etendre le royaume de Dieu, propager l'influence française, tel est leur admirable programme.

Bien au delà du Congo, sur les rives d'un fleuve auprès

duquel les nôtres ne sont que d'humbles ruisseaux, au confluent de l'Oubanghi et du Congo, le Père Augouard est allé planter sa tente; il a trouvé là des tribus livrées à toutes les horreurs de l'anthropophagie ; les sacrifices humains s'y accomplissent aussi régulièrement que les tueries d'animaux dans nos abattoirs.

Récemment un poste français y fut enlevé ; le chef, un sous-officier de notre armée, fut dévoré par les indigènes, avec ses dix soldats noirs. On voit quels dangers affrontent ces vaillants soldats del'Eglise. Les supplices des premiers chrétiens dans l'arène semblent perdre, à la comparaison, quelque chose de leur effroyable horreur ; ce n'est plus sous la dent des bêtes féroces que tomberaient nos martyrs, ils seraient livrés en pâture à des créatures humaines !

Le Père Augouard a fait appel à ses compatriotes pour l'aider dans sa noble et courageuse entreprise ; un comité d'organisation a été fondé dès le mois de mars dernier sous le haut patronage de S. G. Mgr l'Evêque de Poitiers, à l'effet d'organiser au profit de l'Œuvre de l'Oubanghi des conférences non seulement dans notre région, mais dans toutes les villes de France où nous trouverions des cœurs chrétiens et patriotes pour nous aider à recueillir les subsides nécessaires à lanouvelle Mission.

Ce comité se compose de MM. les abbés :

1º BERLOQUIN, ancien vicaire général, chanoine honoraire, curé de Saint-Hilaire de Poitiers, *Président ;*

2ª RICHARD, vicaire général, archiprêtre de Notre-Dame de Niort ;

3º MAZEREAU, économe du Grand-Séminaire ;

4ª DE LA FAIRE, ancien aumônier militaire, aumônier du Pensionnat des Frères de Poitiers ;

5º LOUIS AUGOUARD, vicaire des Trois-Moutiers (Vienne), *Secrétaire ;*

Et de MM. :

BARON DE TRAVERSAY, ancien garde général des Forêts, Président du Comité catholique ;

DE FERRÉ, (O. ✳), capitaine de frégate en retraite ;

Comte Louis Lecointre, ancien député de la Vienne ;

Félix Mousset, avocat à la Cour d'appel, conseiller général de Poitiers-Sud ;

E. Robain, juge au Tribunal de commerce ;

De Sorbier, directeur du *Courrier de la Vienne* ;

Chauveau, notaire ;

G. Renouard, avocat, ancien magistrat ;

Recouppé, avoué près la Cour ;

H. Savatier, avocat docteur en droit;

H. Coulon, docteur en droit.

Aussitôt formé, le Comité décida qu'une grande réunion aurait lieu dans la salle des fêtes du Pensionnat des Frères des Ecoles Chrétiennes, mise gracieusement à sa disposition par le Directeur, le cher F. Carolius.

Il s'agissait d'organiser une véritable fête de charité au cours de laquelle une conférence sur l'Œuvre du R. P. Augouard serait faite par l'un des membres du comité. Cette conférence devait donner en substance les renseignements très précis et très intéressants fournis dans ses derniers rapports par le vaillant missionnaire de l'*Oubanghi* ; une brochure contenant le texte de cette conférence et l'exposé de l'œuvre devait être adressée aux amis des missions. A l'aide de documents ainsi résumés, auxquels devaient s'ajouter les renseignements fournis par les revues de géographie et les annales apostoliques de l'Afrique, nous espérions que de nombreux orateurs n'hésiteraient pas, dans beaucoup de villes de France, à prendre la parole et à exciter la charité publique au profit d'une œuvre si intéressante.

Les espérances du Comité devaient être de beaucoup dépassées.

A l'heure même, peut-on dire, où ces résolutions étaient prises, le R. P. Augouard prenait très inopinément passage sur le paquebot qui le ramenait en France ; il venait soutenir lui-même les intérêts de sa Mission.

C'est grâce à cette providentielle circonstance que la fête organisée à Poitiers a été d'un éclat exceptionnel ; nous avons eu la joie d'entendre la parole du missionnaire de l'*Oubanghi* racontant dans la conférence que l'on va lire et les luttes déjà soutenues et celles qu'il va prochainement engager pour faire briller au milieu des ténèbres d'une effroyable barbarie, le pur flambeau de l'Evangile.

C'est pour que nous le secondions dans ses œuvres que le P. Augouard s'adresse à nous. Il ne veut pas fonder une œuvre drainant, au détriment de nos grandes Sociétés de propagande ou de charité catholiques, les subsides des fidèles : il est essentiel de se convaincre que le but poursuivi par lui et par son Comité est d'obtenir des chrétiens de France l'obole *une fois donnée* qui contribuera à racheter moralement matériellement et de pauvres créatures humaines voués à la mort de l'âme et au massacre des boucheries anthropophages.

Nous empruntons au *Courrier de la Vienne* le récit de la soirée du 3 juin, dans la pensée que l'initiative prise par nous trouvera des imitateurs.

COMPTE RENDU

DU *COURRIER DE LA VIENNE*

La fête donnée dans la grande salle du Pensionnat des Frères a été admirablement réussie. Malgré les difficultés de toute nature, la chaleur de la saison, l'absence de Poitiers d'un grand nombre de personnes, on a dû refuser beaucoup de spectateurs dont plusieurs avaient fait de longs voyages pour assister à cette chrétienne et attrayante soirée.

A huit heures, tout le monde est placé ; les commissaires, à qui nous devons des félicitations spéciales, vont, viennent, règlent les petites questions de détail à la satisfaction de chacun ; la salle offre un coup d'œil charmant : pas un petit coin qui ne soit occupé.

Des panoplies vraiment originales faites à l'aide d'objets du Congo étaient posées de chaque côté de la scène. La décoration, faite par M. Puisais, de la Grand'Rue, était vraiment réussie et pleine de goût.

Au premier rang, nous remarquons : M. l'abbé Berloquin, curé de Saint-Hilaire, président ; M. de Vareilles-Sommières, vicaire général ; le cher Frère directeur du Pensionnat ; le R. P. Augouard, M. de Touchimbert, premier conseiller, et les conseillers municipaux conservateurs de la ville de Poitiers ; M. le baron de Traversay, ancien garde général des Forêts, président du Comité catholique ; un grand nombre de notabilités locales et de membres du Clergé de la ville.

Au lever du rideau, un quatuor d'amateurs, qui a obtenu le plus vif et le plus légitime succès, a exécuté la *Sérénade* d'Haydn avec une délicatesse et un charme auxquels on ne saurait trop décerner d'éloges.

Mlle H. Hasselmans, qui devait dire un air de Ch. Lecocq, a préféré chanter l'air du page des *Huguenots*. Outre que Mlle Hélène Hasselmans, dont la voix de soprano très pure et très souple se prête admirablement aux difficultés les plus ardues de la vocalise, qu'elle fait les notes piquées avec une irréprochable justesse, qu'elle bat le trille en artiste consommée, elle chante avec un goût et une méthode qui font le plus grand honneur à l'enseignement qu'elle a reçu. Aussi la félicitons-nous bien sincèrement d'avoir préféré un air de virtuosité à la mélodie un peu banale de Ch. Lecocq.

Le public, qui l'avait saluée de ses applaudissements à son entrée, lui a fait une véritable ovation à la fin de son morceau, et disons que jamais succès n'a été mieux mérité.

Il s'est du reste renouvelé en s'accentuant dans le duo des *Contes d'Hoffmann* qu'elle a détaillé à ravir avec Mlle Marie Hasselmans, sa sœur.

Mlle D. Champon nous a donné trois pièces d'harmonium, chacune d'un genre et d'un goût différents. Au cours de sa carrière artistique, Mlle D. Champon a obtenu de magnifiques triomphes ; les prodigieux effets qu'elle est parvenue à obtenir de son instrument, l'indicible grâce, l'exquise délicatesse de son jeu, l'ont placée, je l'ai déjà dit ici même, au tout premier rang ; jamais, peut-être, une salle plus brillante, composée d'une élite intellectuelle d'origines plus différentes, ne lui a témoigné son enthousiasme avec plus de chaleur et de spontanéité. Chaque passage de sa grande fantaisie sur *Norma* faisait éclater les applaudissements. Il faut dire bien vite que l'exécution de ce morceau par Mlle Champon est une pure merveille qu'on ne se lasserait jamais d'entendre.

Mlle Champon tenait le piano d'accompagnement de la maison Erard, fourni par M. Leneveu. Je voudrais que mon article fût signé par Mlles Hasselmans et par M. Lévêque : seuls ils pourraient traduire avec l'accent d'une sincère reconnaissance les sentiments d'admiration du public à l'égard de Mlle Champon qui est, dans l'art si ingrat et si difficile de l'accompagnement, un véritable trésor pour les exécutants.

Mlle Marie Hasselmans prêtait également son concours à la soirée du P. Augouard. Son nom sur le programme était déjà un gage assuré de succès. La grande artiste nous a donné de son répertoire deux perles incomparablement belles : elle a bien voulu, dans deux morceaux de genres très opposés, nous donner la mesure de son admirable talent.

L'air de *Marie-Madeleine* de Massenet est une page splendide. La mélodie est d'une intensité de sentiments et de couleur dont la musique scénique n'offre guère de plus beaux exemples.

Mlle Marie Hasselmans a été acclamée par la salle tout entière. L'air de *Marie-Madeleine* met admirablement en valeur le registre si étendu et si brillant de la cantatrice, depuis ses belles notes graves jusqu'aux notes les plus élevées.

C'est ainsi que l'ariette de *Mireille*, dont tout le monde connaît les difficultés de vocalise, a permis à Mlle M. Hasselmans de faire un trille très brillant sur le *contre-ut*.

Avec quel art, du reste, elle a détaillé cette charmante inspiration de Gounod ! comme elle a traduit cette musique aérienne, délicate, qui évoque l'idée d'envolées légères dans un ciel de printemps !

Le public poitevin a été charmé ; il a témoigné chaleureusement à Mlle Hasselmans sa sympathie toujours plus vive. Nous tenons à souligner et à ratifier ces paroles dites par un des orateurs de la soirée : « que MM^{lles} Hassel- « mans avaient brillamment et noblement conquis droit « de cité à Poitiers, en prêtant leur généreux concours à « toutes les œuvres chrétiennes ou patriotiques qui le « sollicitent. »

Les organisateurs de la soirée avaient eu la bonne fortune d'obtenir le concours de M. Emile Levêque. Notre célèbre compatriote a apporté à l'œuvre éminemment patriotique du P. Augouard le premier tribut de son art si délicat, si fin, si incomparablement complet.

M. E. Levêque se joue des difficultés les plus ardues : l'instrument, docile entre ses mains, se prête à toutes les fantaisies de son caprice ou de son inspiration.

Aussi la salle a-t-elle, par de frénétiques applaudissements, accueilli la *Sauteuse* de Lauterbach, et a-t-elle salué avec enthousiasme l'artiste et le compositeur après la *Rhapsodie hongroise* exécutée par M. E. Levêque qui en est l'auteur.

Très grand, très brillant, très légitime succès pour tous les artistes ; et le meilleur témoignage de tous, que nous avons recueilli à la sortie : Quand donc nous donnera-t-on encore une jolie fête comme celle-là ? Il y en a tant de ratées, que c'est plaisir d'assister à celles qui réussissent pareillement.

*
* *

A la fin de la première partie du concert, M. Mousset, conseiller général de Poitiers, membre du comité chargé de l'organisation de la soirée, a souhaité en ces termes la bienvenue au R. P. Augouard :

Mesdames et Messieurs,

C'est assurément au très doux et très précieux privilège d'une amitié d'enfance que je dois l'honneur de saluer ici, au nom du comité, le R. P. Augouard, pro-vicaire apostolique du Congo.

Aussi bien ces lointains souvenirs me permettent de faire un rapprochement qui prouve que notre intrépide compatriote est bien de la race des vaillants. Je salue aujourd'hui, en 1890, vêtu de la robe des missionnaires de l'Afrique équatoriale, celui qui, en 1870, endossait l'uniforme de l'immortelle légion des Volontaires de l'Ouest. (Applaudissements prolongés.)

Il est donc naturel que nous, qui l'avons ainsi connu et aimé, nous l'ayons suivi avec un fraternel intérêt à chacune des étapes de sa course apostolique, à chacune de ce étapes qui a donné à l'Eglise de nouvelles conquêtes, à la civilisation un nouvel élan, à la France de nouveaux sujets qui apprennent du P. Augouard à la respecter et à la bénir. (Applaudissements.)

La soirée à laquelle vous êtes venus avec tant d'empressement était décidée longtemps avant que le voyage en France du P. Augouard ne fût connu. Une conférence dont j'ai des raisons très personnelles de pouvoir dire tout le mal possible (*sourires*) vous aurait été faite : elle n'eût été qu'un pâle et maussade reflet des récits de notre missionnaire.

La Providence a eu pitié et de vous et de l'orateur : elle nous a envoyé le P. Augouard, le jour même, peut-on dire, où nous avions décidé cette fête.

Monseigneur l'Evêque de Poitiers avait, du reste, encouragé et béni notre entreprise. Sa bénédiction nous a porté bonheur : qu'il nous permette de lui adresser filialement l'expression de la reconnaissance du Comité.

Il a fait plus encore : il nous a donné le meilleur témoignage de sa sympathie, il a assuré le succès de l'œuvre en mettant à notre tête M. le chanoine Berloquin, curé de Saint-Hilaire de Poitiers. (Applaudissements.)

Au cher Frère Directeur du Pensionnat qui nous accorde ce soir une si large et si brillante hospitalité, nous devons aussi le tribut de nos remerciements.

Il est vrai que l'œuvre du P. Augouard ne saurait être étrangère à l'Institut des Frères des Ecoles chrétiennes. Il existe entre les missionnaires de l'extérieur et les missionnaires de l'intérieur une intime et noble parenté. (Applaudissements.)

Je ne peux mieux terminer qu'en remerciant aussi, au nom de tous, les artistes éminents que le public vient d'acclamer tout à l'heure.

Notre œuvre, l'œuvre qui a pour but de seconder les

efforts du P. Augouard est poitevine en ce sens qu'elle a son berceau à Poitiers.

Parmi les artistes que vous avez applaudis, les uns, poitevins d'adoption ou d'origine, sont venus de la façon la plus généreuse et la plus désintéressée apporter leur précieux concours à une œuvre locale ; les autres ont largement conquis droit de cité en mettant leur talent au service de toutes nos œuvres chrétiennes ou patriotiques.

Aucun ne nous a fait défaut ce soir ; et comme nous savons que l'artiste donne quelque chose de son cœur et de son âme, nous mesurons à ce prix l'étendue de notre reconnaissance. (Applaudissements.)

J'ai hâte, Messieurs, de laisser la parole au R. P. Augouard. Je mesure votre impatience de l'entendre à celle que j'éprouve et ne veux pas retarder l'instant où, en l'écoutant, nous sentirons nos cœurs battre à l'unisson dans un même sentiment d'amour pour la France dont il est le soldat, pour l'Eglise dont il est l'apôtre. (Applaudissements prolongés.)

GRANDE SOIRÉE DONNÉE LE 3 JUIN 1890

AU

PROFIT DE L'ŒUVRE DE L'OUBANGHI

DISCOURS DU P. AUGOUARD*

MESDAMES ET MESSIEURS,

Je suis profondément ému de l'honneur que vous me faites et des applaudissements que vous venez de me prodiguer. Je les accepte cependant, non pas pour moi, qui ne suis qu'un humble ouvrier dans le champ du Père de famille, mais pour l'habit que je porte et qui vous rappelle, comme l'a dit tout à l'heure mon ami Félix Mousset, l'œuvre de civilisation, de patriotisme et d'évangélisation que poursuit avec succès notre Congrégation sur les côtes d'Afrique. Je voudrais avoir l'autorité de M. le Président et l'éloquence de l'orateur que vous venez d'entendre, pour remercier dignement les artistes éminents, ainsi que le nombreux public qui donnent à cette fête un éclat si remarquable. Je leur en exprime de tout cœur ma reconnaissance et prie Dieu de leur rendre au centuple le bien qu'ils auront fait aux plus malheureux et aux plus déshérités d'entre les siens.

---

* Etant donnée l'heure avancée où le R. P. Augouard a pris la parole, il n'a pu donner intégralement sa conférence. Il a bien voulu toutefois, sur notre demande, la compléter en ce qui concerne spécialement l'Oubanghi, et le lecteur trouvera plus loin les intéressants détails qui n'ont pu être exposés en public.

Je vais donc aborder l'étude des mœurs de l'Afrique équatoriale. Ai-je besoin de solliciter votre indulgence pour un missionnaire qui a vécu treize ans au milieu des sauvages et qui a quelque peu perdu l'habitude de notre belle langue française ?...

Le voyageur qui débarque du paquebot confortable, on pourrait dire luxueux, qui l'a amené à la côte d'Afrique, éprouve la plus désagréable surprise du régime qui l'attend ; c'est la pirogue lourde et massive qui, secouée violemment par les flots, soumet le passager à des douches qui n'ont rien de volontaire ; c'est la nourriture indigène, où ne figurent ni le pain, ni le vin, ces aliments qui vous paraissent si vulgaires et dont la privation est pourtant si cruelle ; c'est la marche à pied sous un soleil torride, par des sentiers à peine frayés, et au milieu d'herbes épaisses dépassant deux fois la taille de l'homme.

Heureux encore le voyageur qui ne descend pas beaucoup plus vite qu'il ne voudrait les pentes argileuses rendues glissantes par les pluies torrentielles !

Nous voilà au Congo. Le territoire du Vicariat apostolique du Congo français est quatre fois grand comme la France ; et nous ne sommes que dix-neuf prêtres pour le desservir ! Les chemins de fer n'étant malheureusement pas en honneur dans ces contrées, il en résulte que le voyageur est obligé de franchir à pied d'énormes distances. A défaut de chemins de fer, nous pourrions utiliser la route fluviale, mais la navigation est impraticable dans la plus grande partie du cours inférieur du fleuve ; elle est, comme vous savez, interrompue par une série de trente-deux cataractes qui forment un obstacle insurmontable pour les embarcations.

Les caravanes partent directement de Loango, ville située sur le littoral, et doivent franchir à pied les cinq cent cinquante kilomètres qui les séparent de Brazzaville où le Congo commence à redevenir navigable.

Dans ce pays, l'or et l'argent n'ont point cours ; les opérations commerciales se font le plus généralement par voie d'échange. Moyennant des verroteries, des couteaux, des miroirs, des cuillers, des fourchettes, des étoffes, etc., on obtient facilement ce dont on a besoin.

Votre commode porte-monnaie est remplacé par une foule de porteurs dont le paiement n'a rien d'exorbitant. Un noir, portant en moyenne trente-cinq kilogrammes, gage ses services moyennant trente centimes par jour, n'exigeant pour sa nourriture qu'une valeur de dix centimes; mais ce qui rend ces caravanes fort coûteuses cependant, c'est le grand nombre d'hommes que l'on doit employer.

Lorsque le missionnaire a abandonné la côte, il doit, comme je l'ai dit, renoncer à l'alimentation européenne : le pain fait place au manioc, sorte de pâte gélatineuse, d'une manipulation peu appétissante, et dont l'odeur n'a rien de commun, je vous assure, avec le parfum si vanté du savon du Congo. (Rires et applaudissements.) Le reste de l'alimentation est à l'avenant.

La caravane est en marche; ne croyez pas que ce soit une promenade d'excursionniste. Outre la chaleur écrasante, les pluies torrentielles, les difficultés sans cesse renaissantes de la marche, il faut compter sur l'éventualité de conflits avec les indigènes, et sur les ruses multiples à l'aide desquelles les porteurs essaient de se soustraire au travail.

Il m'arriva certain matin, à l'heure du départ, de recevoir les plaintes de six noirs, qui déclaraient être trop souffrants pour porter leurs fardeaux. J'examinai consciencieusement les malades; le premier se plaignait d'un violent mal de tête, je prescrivis un vomitif. Le second souffrait de l'estomac ; un vomitif me parut non moins indiqué. Le troisième alléguait des douleurs intolérables aux pieds ; je pensai qu'un vomitif ne pouvait lui faire de mal. Il en fut ainsi des trois autres, et je distribuai à mes six porteurs une copieuse ration d'ipéca, largement arrosée d'une calebasse d'eau tiède. L'effet du remède ne se fit pas attendre. A dix heures, après de violentes nausées, physiquement et moralement guéris, les six porteurs, y compris l'éclopé, reprenaient leur place dans la caravane, célébrant l'action bienfaisante des remèdes européens. (On rit.)

Les incidents, tantôt comiques et tantôt tragiques, se succèdent chaque jour. Comme je viens de le dire, le noir est essentiellement rusé. Les rations que nous leur distribuons, et qui excitent au plus haut point leur friandise, sont rapidement absorbées par eux, bien qu'elles soient destinées à les alimenter pendant plusieurs jours. Ils ont alors recours à toutes sortes d'expédients, même les moins délicats. Notre cuisinier avait fait cuire un canard, don généreux d'un illustre chef de village, et rare aubaine pour notre office. Notre maître d'hôtel conçut la criminelle pensée de s'approprier une cuisse du palmipède, et de fait il se l'attribua. Je n'eus pas de peine à découvrir le larcin ; et comme je lui en faisais de justes et sévères remontrances, il me répondit, sans se déconcerter, que les canards du pays n'avaient qu'une patte. Au moment où je le sermonnais, il venait de constater qu'un canard du village sommeillait paisiblement sur une seule patte; il me l'indiquait victorieusement à l'appui de son assertion effrontée.

Notre cuisinier était un homme de la côte, beaucoup plus retors que les gens de l'intérieur, ayant conscience de sa supériorité, et mettant son honneur à ne se point nourrir, comme les noirs du haut Congo, de serpents, de chauves-souris, de grillons et de rats. Cette répugnance de gourmet fut cause, entre nous, d'une assez grosse difficulté.

Nous avions tué un boa, et je donnai l'ordre à Fala d'en mettre une tranche à l'étuvée pour notre repas du soir. Notre Vatel, indigné, s'y refusa avec énergie, et je dus employer toute mon autorité pour le contraindre à obéir. Il est vrai que le lendemain, s'adressant à un Père de la mission, il exprimait son sentiment sur mon compte en disant avec aigreur *que le P. Augouard devait être, dans son pays, un homme de l'intérieur et non pas un homme de la côte.* (Hilarité prolongée.)

J'ai eu à subir il est vrai beaucoup d'autres critiques imprévues. J'entendis un soir les indigènes s'apitoyer sur le peu de savoir-faire des Européens qui ne savent même pas se servir de leurs doigts pour manger, puisqu'ils emploient des morceaux de fer. On jugera aisément de ma surprise lorsque, quelques jours après, dans une tribu voisine, les fourchettes, inconnues jusqu'alors, étaient demandées avec instance. Il est vrai que je pus constater bientôt l'usage auquel elles étaient destinées.... les dames Congolaises en avaient fait des démêloirs ! (On rit.)

Les incidents qui marquent notre route ne sont pas toujours aussi gais. A trois reprises différentes, moi et mes gens nous fûmes reçus à coups de fusil par les habitants des villages où nous venions chercher l'hospitalité : outre les hommes blessés, nous eûmes à déplorer la mort d'un de nos porteurs. Dans d'autres circonstances, s'ils ne vont pas jusqu'à menacer la vie des voyageurs, il n'est pas de mauvais tours que les chefs noirs n'essaient de leur jouer.

Au cours de l'un de mes voyages, de Banane à Linzolo, première Mission que j'ai fondée dans l'intérieur, j'arrivai au village d'Issanghila où mes porteurs refusèrent absolument d'avancer. C'était la première fois que je traversais la contrée, et, mes hommes impressionnés par les ascensions multipliées des montagnes, exprimaient leur inquiétude *d'atteindre bientôt le ciel.*

Le chef du village, nommé Manpouïa, qui avait reçu de moi des cadeaux pour nous guider jusqu'à la tribu voisine, conçut la pensée d'obtenir un supplément d'étoffes, en se rendant plus nécessaire ; non seulement il encouragea les porteurs dans leur résistance, mais encore il leur persuada qu'à une journée de marche, ils trouveraient des hommes ayant *la bouche sous le bras*, dont la vue seule les ferait mourir. J'eus beaucoup de peine à rassurer ces grands enfants : je n'en perdis pas moins 2 jours pendant lesquels je dus déployer toutes les ressources de ma diplomatie. Quand je me séparai de Manpouïa, il eut l'audace de me demander un certificat de *bonne conduite.* Je lui remis une *moukande* constatant l'exacte vérité et signalant ce filou à ceux de mes compatriotes exposés à tomber dans ses embûches. Je laisse à penser l'effet que produisit sur les caravanes européennes la production par Manpouïa de ce précieux talisman !

*
* *

Jetons maintenant un coup d'œil dans les villages que nous visitons. Les cases, misérablement construites en bambous ou en feuilles de palmier, sont d'une légèreté telle qu'à la moindre alerte il suffit que l'homme enlève les quatre parois, tandis que la femme emporte la toiture sur sa tête, pour opérer un déménagement complet.

Depuis les peuples du littoral jusqu'aux tribus les plus sauvages, tous se sont ingéniés à fabriquer des boissons fermentées, à l'aide desquelles ils s'enivrent.

La condition de la femme est particulièrement misérable. Le mariage revêt une forme barbare ; l'homme achète, suivant ses ressources, une ou plusieurs femmes, sans s'inquiéter de leur consentement. La femme est alors réduite au rôle avilissant de bête de somme : elle travaille pour son mari ; indépendamment des soins du ménage, de la préparation du manioc, c'est elle qui cultive le terrain, qui porte les fardeaux, etc., etc., alors que l'homme vit dans une perpétuelle oisiveté.

Dans la plus grande partie de l'Afrique, on compte environ 3 esclaves pour un homme libre. Il est vrai que dans les pays que j'ai explorés, l'esclavage ne revêt pas la forme brutale et odieuse qui a été si justement signalée sur d'autres points. Parmi les populations de la côte, le maître a sur son esclave un droit absolu, il peut le mettre à mort ou le vendre à sa guise ; mais, dans la pratique, l'esclave n'est que rarement l'objet de mauvais traitements et il accepte volontiers la condition qui lui est faite. Nous allons voir cependant quelques exceptions à cette règle.

En général les noirs n'admettent point la mort naturelle et ils pensent que quelque génie malfaisant a dévoré l'âme du défunt. C'est au féticheur qu'incombe le soin de découvrir le coupable ; l'esclave est naturellement tout désigné pour servir de victime en cette circonstance : il devra subir l'épreuve du poison, c'est-à-dire que le féticheur lui administre une certaine dose de substance vénéneuse : s'il la rejette, il est lavé de l'accusation ; mais s'il la conserve, il tombe bientôt dans les convulsions de l'agonie, il est coupable et ses plus proches parents se font un devoir de l'achever et de suspendre ses membres déchiquetés aux palmiers d'alentour.

La victime désignée peut corrompre quelquefois le féticheur ; dans ce cas celui-ci lui administre le poison à haute dose, ce qui provoque des vomissements immédiats et arrache par conséquent l'esclave au supplice en démontrant son innocence.

Dans certaines tribus la mort des chefs est marquée par des sacrifices. Les femmes sont enterrées vivantes avec leur mari défunt, tandis qu'on immole d'autre part un certain nombre d'esclaves. Dans d'autres contrées, les noirs ont un procédé des plus bizarres pour conserver le corps de leur chef : avant les cérémonies des funérailles, il est littéralement « fumé », et j'en ai vu qui étaient ainsi conservés depuis plusieurs années.

Enfin plus loin dans l'intérieur, on lie autour du cadavre un nombre plus ou moins grand d'esclaves, suivant la fortune du défunt, et la grappe humaine est précipitée dans le fleuve.

Les féticheurs, dont j'ai parlé tout à l'heure, jouissent d'une grande autorité, mais n'inspirent aux noirs aucun sentiment de sympathie. Ils sont plutôt entourés d'une terreur superstitieuse et répulsive. Il n'en est pas ainsi des avocats, qui ne sont pas moins prolixes dans leurs discours que leurs confrères d'Europe ; ils sont généralement très aimés et très respectés ; ils portent, du reste, un titre qui exprime la considération dans laquelle ils sont tenus ; on les appelle *mounou-m'foumou*, ce qui veut dire : bouche du roi.

Nous avons vu, Messieurs, par ce qui précède, notamment en ce qui touche les funérailles, que les noirs ont une notion assez précise de l'immortalité de l'âme ; le culte extérieur se réduit à fort peu de choses : quelques amulettes, des fétiches, et c'est tout. Ils ont un nom spécial, *Mogno*, qui signifie à proprement parler l'*esprit*, considéré par eux comme complètement distinct du corps ; à certaines époques, ils apportent sur les tombeaux des aliments pour la nourriture des défunts dans l'autre vie; et, détail singulier que je vous livre en finissant, une des causes de l'influence que M. de Brazza s'est acquise au pays Batéké tient à ce que les noirs croyaient fermement que l'âme de l'ancien Makoko, prédécesseur du roi actuel, avait émigré dans le corps de notre vaillant explorateur.

*
* *

Les moyens d'action dont nous pouvons disposer pour amener ces pauvres âmes à la vérité sont assez restreints ; il ne faut pas songer à convaincre les adultes par la prédication; c'est par la charité, c'est par les soins prodigués aux malades qui sont presque toujours abandonnés dans les forêts, que nous pouvons gagner leur sympathie et faire disparaître leurs préjugés. Ces visites de malades nous fournissent l'occasion d'administrer le baptême à bon nombre d'enfants moribonds ; ce sont autant de petits anges qui, du haut du ciel, protègent la mission, et intercèdent auprès de Dieu pour leurs frères moins heureux.

Notre apostolat s'exerce surtout auprès des jeunes enfants que nous recueillons à la Mission, soit que les parents nous les confient, soit que nous les arrachions à l'esclavage au moyen des subsides que nous tenons de votre charité.

L'éducation de ces enfants est l'œuvre fondamentale grâce à laquelle toute une génération d'indigènes a reçu l'enseignement chrétien, a appris notre langue et se dispose à seconder nos efforts dans les vastes régions de l'intérieur où nous venons planter, auprès de l'étendard du Christ, le drapeau de la France. (Applaudissements.)

Bien que de fondation très récente, le vicariat apostolique du Congo français, sous l'impulsion énergique de Mgr Carrie, notre évêque vénéré, a étendu son action jusqu'au centre même de l'Afrique. Chaque mission séparée possède actuellement son école; c'est ainsi que nous comptons sept établissements fréquentés par un grand nombre d'indigènes. Loango, centre de la Mission, et résidence du Vicaire apostolique, possède en outre une école secondaire, une école normale, un petit et un grand séminaire. L'enseignement, dans les écoles primaires, laisse une large part aux travaux manuels; il en est de même dans les autres établissements. La partie la plus chaude de la journée est consacrée à l'étude proprement dite, tandis que les heures plus fraîches du matin et du soir permettent à nos écoliers de se livrer aux travaux de menuiserie, de forge, de charpente, et tout spécialement aux travaux agricoles.

Sans être doués d'une intelligence au-dessus de la moyenne, les enfants apprennent assez facilement les différentes parties de nos programmes élémentaires. Outre la langue indigène, nos élèves parlent le français et le portugais, car ils ont de très grandes aptitudes pour les langues étrangères. Le calcul entre plus difficilement dans leur tête, mais, par contre, ils ont le plus grand goût pour la musique, et ils excellent dans cet art. J'ai pu organiser une excellente fanfare au Gabon.

Nos cérémonies sont rehaussées par les chants de nos jeunes choristes ; ce n'est pas sans une profonde émotion qu'à plusieurs milliers de lieues de la Patrie, nous entendons retentir, dans la langue maternelle, les cantiques à la Très Sainte Vierge que nous chantions dans notre enfance.

C'est un spectacle curieux et qui pourrait servir d'exemple à plus d'une école de France, que celui de nos distributions de prix. — Là-bas on ne voit point ce luxueux étalage de librairie et ces superbes couronnes de chêne en papier peint, qui excitent l'émulation de vos jeunes lauréats ; vos magnifiques volumes sont remplacés par une série d'objets essentiellement pratiques : fil, aiguilles, étoffes, couteaux, ciseaux, instruments de menuiserie et d'agriculture, etc., etc. On proclame le nom des lauréats ; ils s'avancent par ordre de mérite, et choisissent eux-mêmes les objets qui leur conviennent le mieux.

Aussi peut-on voir un premier prix de littérature emporter fièrement une pelle-bêche ou une pioche, pendant que le prix d'arithmétique s'accommode aisément d'une pelotte de fil et d'un paquet d'aiguilles. (Rires.)

Sur chacun de nos établissements flotte le pavillon national ; nous faisons en sorte qu'en apprenant les vérités de notre sainte religion, ils apprennent en même temps à respecter et à aimer la France. (Applaudissements prolongés.)

*
* *

Je voudrais, mes chers compatriotes, vous donner une idée des paysages grandioses qui se déroulent aux yeux du voyageur dans cette partie de l'Afrique. — Un fleuve immense, coupé par de nombreuses cataractes, et recevant le tribut d'innombrables cours d'eau ; un fleuve, dont les eaux agitées comme celles de la mer baignent à certains endroits des rives éloignées l'une de l'autre de 40 kilomètres ! d'immenses vallées sans cours d'eau ; de hautes montagnes aux sommets marécageux ; des fleuves coulant dans une plaine sans limite et formant dans leur ensemble un magnifique réseau de 20.000 kilomètres de navigation ! Il ne faudrait pas croire que les voyages se puissent faire sans difficulté sur ces grandes voies fluviales ; elles sont en effet semées de bancs de sable, de roches et d'écueils ; et quand le vent souffle en tempête, il arrive que des embarcations disparaissent dans les flots ; aussi, dans l'espoir de rendre service aux navigateurs et pour mieux fixer certains écueils jusqu'alors assez indéterminés, j'apporte en France une carte fluviale du Congo, embrassant une longueur de près de 1.000 kilomètres. (Applaudissements).

Outre les obstacles naturels, il faut compter aussi avec les hippopotames et les crocodiles qui pullulent dans ces régions.

Forcé par les circonstances, et grâce à la générosité de personnes charitables, j'ai réalisé un vœu que je formais depuis longtemps. Il s'agissait en effet pour moi de mettre à l'abri des dangers que je viens de signaler la vie des missionnaires appelés à sillonner le haut fleuve. En 1885, nous avons reçu une embarcation en tôle d'acier et démontable. Ce bateau, avec sa machine à vapeur acquise plus récemment, a dû être transporté pièce par pièce sur la tête des hommes, à travers les montagnes, à une distance de 5o5 kilomètres. C'est nous qui, à la Mission, l'avons monté, installé, et qui, l'année dernière encore, avons placé la machine à vapeur qui le fait mouvoir. Cette embarcation porte le nom de *Léon XIII;* elle mesure 11ᵐ 5o de long, sur 2ᵐ 3o de large. Le pavillon de la Mission de l'Oubanghi, blanc à la croix bleue, et le pavillon national flottent à son bord, et c'est grâce à elle que j'ai eu l'honneur, l'année dernière, de porter les couleurs françaises à 400 kilomètres au delà de nos possessions ! (Applaudissements prolongés.)

*
* *

Maintenant, si vous le voulez bien, jetons un coup d'œil d'ensemble sur cet immense continent noir et sur les Missions que nous avons fondées dans le haut Congo et l'Oubanghi ; je vous citerai ensuite des faits qui vous feront connaître à quel degré d'abaissement et de cruauté sont réduites les nations qui n'ont point le bonheur de connaître l'Evangile.

L'Afrique depuis 20 ans a été attaquée de toutes parts et ce mystérieux continent commence enfin à nous livrer ses secrets bien des fois séculaires. La vieille Europe s'est émue au récit des souffrances des malheureux enfants de Cham et des entreprises généreuses sont venues lutter contre l'égoïsme qui semble vouloir s'emparer des nations civilisées. C'est le commerce et l'industrie qui ont fait les premiers sacrifices pour essayer d'arracher à cette terre barbare les richesses matérielles qu'elle renferme dans son sein. Les Missionnaires, isolés d'abord et par phalanges ensuite, sont venus aussitôt chercher les moyens de dompter ces barbares pour en faire des hommes et des chrétiens. De courageux explorateurs se sont aventurés au sein de ces sauvages contrées et, au péril de leur vie, ont rapporté à l'Europe étonnée des détails du plus haut intérêt.

Mais il était réservé au très glorieux Pape Léon XIII d'élever la voix pour se faire entendre aux extrémités du monde et intéresser toutes les nations civilisées au sort de tant d'infortunés qui depuis des siècles gémissent dans l'esclavage le plus dur et le plus abject.

Pour répondre aux désirs du Père commun des fidèles, la Congrégation du Saint-Esprit et du Saint-Cœur de Marie a renforcé les pacifiques bataillons qui travaillaient déjà depuis de longues années sous le brûlant soleil africain ; ils ont abandonné les côtes pour s'enfoncer au milieu des plus sauvages tribus, et j'ai eu moi-même l'honneur d'aller planter la Croix jusqu'au centre de l'Afrique.

***

Depuis l'année 1883 nous avions fondé les Missions de Saint-Joseph de Linzolo, de Saint-Paul du Kassaï (1) et de Saint-Hippolyte de Brazzaville.

Au commencement de 1889, nous fondions la nouvelle Mission de Saint-Louis de l'Oubanghi à 1,100 kilomètres du littoral. Enfin, l'année prochaine, nous fonderons, s'il plaît à Dieu ! la Mission de Saint-Paul des rapides sur le haut Oubanghi et à 1,800 kil. de la côte. C'est à cet endroit même qu'au commencement de cette année, le chef du Poste français, M. Musy et ses 10 soldats noirs, furent tués et dévorés par les indigènes. (Mouvement.)

Dans les nouvelles tribus que nous sommes appelés à évangéliser, l'esclavage atteint, si je puis ainsi parler, le dernier degré de la cruauté :

L'esclave est tout simplement une viande de boucherie !

Les détails aussi navrants que véridiques rapportés par des témoins oculaires ne permettent plus le moindre doute à cet égard. Or, si l'esclavage ordinaire paraît si digne de pitié, que penser du sort de ces malheureux condamnés d'avance à servir de nourriture à leurs semblables ?

C'est donc au centre du cannibalisme le plus effréné que nous nous trouvons ; mais nous sommes d'autant plus fiers de cette périlleuse mission que la cause est du plus

(1) Par suite des nouvelles délimitations ecclésiastiques qui suivirent la Conférence de Berlin, la Mission du Kassaï passa aux Missionnaires belges avec lesquels nous entretenons du reste les meilleures relations.

grand intérêt, tant au point de vue chrétien qu'au point de vue simplement humanitaire.

Pour exciter davantage votre pitié et vous montrer à quel point d'abjection et de cruauté sont descendus mes nouveaux paroissiens, je vais vous citer quelques faits absolument authentiques qui ont été vus soit par moi, soit par des témoins absolument dignes de foi.

Dans certaines contrées de l'Afrique, l'anthropophagie n'existe que comme représailles de guerre et pour enlever aux vaincus même l'honneur de la sépulture. Mais à l'Oubanghi (1) c'est une nourriture usuelle, et il ne se passe pas de jour que l'un ou l'autre village n'immole une victime destinée à faire les frais d'un festin. C'est tantôt la mort d'un chef qui sert de prétexte, tantôt la glorification d'une victoire, tantôt l'annonce d'une bonne nouvelle : c'est aussi la jalousie et l'orgueil qui s'en mêlent, et tel chef luttera contre tel autre pour avoir la renommée d'immoler le plus grand nombre d'esclaves.

Pour ces tribus, un repas de chair humaine est un régal. Chez eux, c'est tout naturel, et ils préfèrent cette viande à toutes les autres, disant que c'est un aliment noble, tandis que les animaux ne fournissent qu'une vile nourriture.

— C'est horrible, ce que vous faites là, disait-on un jour à quelques cannibales.

— Au contraire, c'est délicieux avec du sel et du piment !

— Vous comprenez la différence qui existe entre un homme et un animal. L'homme est intelligent ; il vous parle au moment où vous allez le manger ; il ne vous a fait aucun mal. Et puis l'on pourra vous manger vous aussi, si vous tombez un jour aux mains de vos ennemis !...

— C'est le sort de la guerre, cela. Tout ce que vous dites prouve combien il est distingué de manger de la chair

---

(1) C'est un fleuve de 1,000 à 1,500 kilomètres de parcours, qui se jette dans le Congo un peu au-dessous de l'Équateur (rive droite). On l'explore en ce moment, et on saura bientôt si c'est l'Ouellé de Schweinfurth, comme on le suppose avec raison.

humaine, une viande qui a un nom et qui parle ! Et puis *cette viande a un goût tout particulier !*

Naviguant un jour sur l'Oubanghi, un blanc rencontre un esclave garrotté qu'on allait mettre à mort. Eh bien ! le pauvre malheureux paraissait beaucoup plus surpris de la présence d'un blanc qu'il voyait pour la première fois que de la perspective de la mort cruelle qu'il allait endurer. Et tranquillement, de la seule main qui lui restait libre, il chassait avec un petit balai les mouches qui venaient se poser sur ses chairs meurtries par les ligatures.

La cruauté elle-même revêt parfois des raffinements de barbarie qu'on aurait peine à croire. Témoin le fait suivant cité par un capitaine d'état-major de l'armée belge, M. Coquilhat, qui a passé quelques mois dans le haut Congo, près de l'Oubanghi.

« Mongonga, chef de Mongouélé, a acheté Bolombo, un indigène de l'Irébou. Il lui a cassé hier matin les bras et les jambes à coups de masse afin de le manger aujourd'hui. Mongonga a exposé toute la nuit sa victime « encore vivante dans le fleuve, la tête sortant seule hors « de l'eau. Le but était de rendre l'épiderme noir plus facile « à enlever. Cette opération s'est faite le matin au lever du « jour, après la décapitation. La tête a été bouillie dans un « pot séparé. Quant au corps, on l'a dépecé et mis dans la « marmite avec des quartiers de chèvre, de l'huile de palme « et du sel. De grandes quantités de manioc étaient cuites « et vingt jarres de bière de canne à sucre étaient réunies « pour les nombreux amis qui avaient été invités.

« Le festin, paraît-il, a été superbe. Vers 5 heures du « soir, les convives s'embarquent dans une grande pirogue « au centre de laquelle est placée, dans un énorme vase, « la moitié restante de l'homme étuvé. Il s'agit d'aller « continuer la fête chez un chef voisin qui a fait large pro-« vision de bière de canne pour la circonstance.

« L'embarcation passe devant la station de l'Etat du « Congo, tous les pagayeurs chantant au son du tambour. « Mongonga s'avise de vouloir parler à quelqu'un de la « station et dirige sa pirogue vers mon débarcadère. Cela

« dépasse les bornes. Je lui intime défense d'aborder en
« lui exprimant toute mon horreur par son anthropo-
« phagie. Le chef de Mongouélé est franchement surpris
« de ma répulsion.

« — Vous voulez rire, n'est-ce pas ? » me dit-il. — Et il
« continue d'approcher. J'appelle la garde avec les fusils
« et je le fais mettre en joue. Alors seulement Mongonga
« croit à mon dégoût ; mais il ne comprend pas davantage.

« — Pourquoi l'homme blanc est-il irrité contre moi ?
« demande-t-il à ses amis. Quand il tue une chèvre, je ne
« m'en mêle pas. Cet homme que j'ai mis à mort était
« bien ma propriété : je ne l'avais ni volé, ni capturé, mais
« acheté pour de la belle étoffe. »

« Et il s'éloigna vivement. »

Dans le cours de l'année 1888, les maisons de commerce
françaises et hollandaises du haut Congo firent des
voyages avec leurs vapeurs dans l'Oubanghi pour y
acheter de l'ivoire. Elles trouvèrent ce précieux produit en
abondance, mais partout les indigènes leur demandèrent,
non des étoffes dont les vapeurs étaient chargés, mais des
esclaves de 4 à 16 ans, destinés à alimenter la table des
seigneurs de l'endroit.

Ayant quitté l'Oubanghi pour se rendre dans la rivière
Maringa (1), M. Greshoff, directeur des établissements
hollandais, vit un jour un pauvre petit esclave couché à
moitié dans l'eau au fond d'une pirogue, couvert de plaies
et lié de la façon la plus cruelle. Emu de pitié, il racheta
le pauvre petit malheureux pour quelques baguettes de
laiton, faisant remarquer aux indigènes qu'il n'achetait ce
pauvre enfant que pour le soigner et l'arracher à la mort.
Les indigènes lui apportèrent aussitôt une foule d'autres
esclaves dans le même état, disant qu'ils les lui donneraient
à bon marché, puisqu'ils étaient impropres à la consom-
mation.

Les Européens, agents des gouvernements et commer-

(1) D'après les indigènes, les Arabes chasseurs d'esclaves seraient
parvenus par la voie de terre sur cette rivière qui se jette dans le
Congo (rive gauche) un peu au-dessus de l'Equateur.

çants, se trouvent quelquefois mêlés malgré eux à ces scènes
horribles, et ils ont la douleur de ne pouvoir faire disparaître du coup ces mœurs abominables. Eux ou leurs hommes en sont même quelquefois les victimes.

En août 1887, M. A. Dolisie, ex-élève de l'Ecole
polytechnique et l'un des principaux lieutenants de M. de
Brazza au Congo, remontait l'Oubanghi avec trois grandes
pirogues, faisant alliance avec les villages, leur faisant
connaître le pavillon français et concluant avec les principaux chefs des traités de protectorat. Le voyage allait
bien depuis un mois, lorsqu'un soir, au moment où il allait
aborder la rive en face de Modzaka après avoir mis au net
ses calculs et observations de la journée, il fut reçu par les
indigènes d'une façon peu parlementaire. Il leur parla
paix et cadeaux, mais pour toute réponse une grêle de
sagaïes vint pleuvoir sur ses pirogues qui furent chavirées
en un instant, ayant à peine eu le temps d'envoyer quelques
balles aux premiers agresseurs.

Ne pouvant aborder la rive couverte d'assaillants qui
lançaient constamment leurs terribles flèches, les malheureux naufragés se voyaient réduits à gagner à la nage le
milieu du fleuve, au risque de se faire happer par les crocodiles.

M. Dolisie, toujours nageant, tenait d'une main
son fusil, lorsqu'il fut frappé au flanc d'une sagaïe qui le
força à abandonner son arme pour retirer le fer de la plaie.
Il parvint ensuite à saisir trois petites pirogues qui s'empli-
rent bientôt de tous les autres naufragés dont l'un était
grièvement blessé.

En faisant l'appel, il constata la disparition de six
hommes. Sur ce nombre, cinq furent mangés par les indigènes. Le sixième finit par s'échapper à travers mille dangers, ainsi que vous allez le voir.

Lorsque les pirogues avaient chaviré, Odombo ne
sachant pas nager, s'était réfugié au milieu des herbes et
des broussailles de la rive, plongeant la tête sous l'eau,
lorsqu'il entendait près de lui quelque bruit inquiétant.
La nuit arriva enfin et avec elle le calme et le silence. Il

en profita pour casser quelques branches mortes qu'il assembla avec les lianes de la rive ; puis, saisissant un bâton en guise de pagaïe, il s'embarque sur ce frêle radeau et, se laissant aller loin, bien loin au fil de l'eau, il aborde enfin à un village dont il aperçoit les feux. Mais son nouveau sort n'est guère meilleur que le premier : il est pris immédiatement et mis dans l'impossibilité de fuir.

Un chef Baloï, des environs du Poste français de Nkounja, qui se trouvait là en voyage, ayant appris la capture du fugitif et espérant quelques bons cadeaux des blancs, entra en pourparlers avec les indigènes et racheta Odombo pour quarante *mitakos* (1), afin de le ramener à son chef. Pris de peur et peu confiant dans les bonnes paroles qu'on lui adresse, notre Odombo s'esquive pendant la nuit avec la pirogüe de son nouveau propriétaire et file à force de pagaïe vers des rivages plus hospitaliers.

Malheureusement notre homme est repris de nouveau dans un village en aval et, selon la coutume du pays, on le palpe aussitôt et on lui fait des entailles dans les reins pour savoir s'il est bon à être mangé de suite. La graisse faisant défaut entre la chair et l'épiderme, le malheureux est remis entre les mains de gens qui doivent bien le nourrir et le garder à vue.

Sur ces entrefaites, le chef Baloï, qui était plus inquiet de sa pirogue que du fugitif, finit par retrouver son embarcation qu'on lui rendit sans grande résistance. On fut plus difficile pour le prisonnier qu'il réclamait également comme l'ayant payé 40 mitakos. Il menaça tant et si bien de revenir saccager la terre, que le village, se voyant trop faible pour lui résister, lui remit enfin le prisonnier

Instruit par la précédente expérience, le chef Baloï lia étroitement son homme et le déposa pendant plusieurs jours au fond de sa pirogue. Etant sorti des territoires les plus féroces et approchant de son village, il crut pouvoir

(1) Le *mitako* est l'unité monétaire du haut Congo. C'est une baguette de laiton longue de 0 m. 40 c. environ et grosse de 3 à 4 millimètres. Elle coûte en moyenne 0 fr. 12 c.

se relâcher de sa surveillance et il délia le prisonnier qui se mit bravement à la pagaïe. Le chef, enchanté de son pagayeur, s'arrêta un soir dans un village ami pour y faire provision de bananes et de poisson fumé, mais notre Odombo fila de nouveau avec la pirogue, emportant cette fois la cargaison et le navire.

Le lendemain, au milieu du jour, il rencontra M. Dolisie qui s'était reposé en organisant de nouvelles forces et qui remontait pour châtier les coupables. M. Dolisie était enchanté de retrouver Odombo qu'il croyait mort. Odombo de son côté ne se sentait pas de joie.

— Te voilà, commandant!

— Te voilà, Odombo! Mais je te croyais mort!

— Non, commandant, moi y en a pas mort; moi partir pour Poste français.

— Mais non, Odombo, tu ne vas pas aller au Poste, mais remonter avec moi pour punir les meurtriers de tes frères.

— Oui, commandant, c'est bon toi partir faire la guerre ; moi y en a aller en bas parce que là haut y voulaient manger moi. Ça y en a pas bon !

Mais le commandant, ne voulant pas exposer Odombo à être capturé de nouveau en descendant seul, le raisonna si bien que l'autre reprit, quoique non sans terreur, le chemin du haut fleuve. En passant, M. Dolisie restitua la pirogue au chef Baloï , qui reçut un cadeau proportionné à ses services.

En voyant la troupe plus nombreuse, les riverains s'empressèrent de faire amitié en déclarant que les assaillants de Modzaka étaient de mauvaises gens et qu'ils seraient heureux de s'unir au Blanc pour faire la guerre aux féroces Bondjos.

M. Dolisie cependant, sachant bien qu'après tout, les gens d'aval étaient aussi anthropophages que ceux d'amont, eût voulu se passer de leur compagnie, mais l'espoir du pillage les attirait, et rien au monde n'eut pû les détourner de pareille aubaine. Hommes, femmes, enfants pagayaient à l'envi pour se tenir toujours à portée de la colonne expéditionnaire.

Enfin on arriva en vue des villages hostiles qui furent abordés après qu'on eût eu soin de contourner des îles pour ne pas donner l'éveil. Il fallait être prudent, car les ennemis de la rive auraient été sans pitié pour les vaincus, aussi bien que les alliés de la veille, du reste. La fusillade commença vigoureuse, et les indigènes, saisis de terreur à la vue du carnage opéré par les projectiles, abandonnèrent le village pour se réfugier dans les forêts voisines qui leur offraient un asile assuré.

La troupe ayant débarqué à terre, la difficulté fut de contenir les alliés auxquels défense expresse fut faite de toucher aux femmes ou aux vieillards qu'on rencontrerait dans le village. Ils ne pouvaient comprendre la raison de cette défense, et deux pauvres vieillards qui furent respectés ne revenaient pas eux-mêmes de leur étonnement. Ils auraient trouvé tout naturel d'être massacrés et mangés, comme ils l'avaient fait à tant d'autres.

Au moment de l'action, le blanc vit une femme se précipiter derrière une case près d'un indigène qui venait de tomber frappé d'une balle. Il accourt de ce côté, mais il est quelque peu arrêté par un petit marécage qui le retarde dans sa marche. Arrivé derrière la case, il constata qu'il manquait au cadavre la tête et une jambe que la femme avait coupées avec une grande dextérité et qu'elle emportait précipitamment dans sa pirogue.

Les autres alliés, retenus par la crainte, durent respecter les morts et les deux vieillards, mais ils se rejetèrent sur le pillage et ils firent main basse sur tout ce qu'ils purent rencontrer. L'ivoire arrivait en abondance dans les pirogues, mais, aussitôt l'action terminée et après avoir gagné le large, M. Dolisie fit jeter au fleuve tout cet ivoire de peur que les indigènes ne vinssent à croire que le blanc n'était venu que pour piller et enlever le principal objet de leur commerce. Les indigènes alliés n'en pouvaient croire leurs yeux, et cette exécution sommaire, venant après la défense précédente de respecter les morts et les vieillards , les confirma dans cette idée que le blanc devait être quelque animal malfaisant pour les empêcher de profiter d'une si bonne occasion de faire bombance sans bourse délier.

Aujourd'hui un poste français est installé à Modzaka et les indigènes finissent par sortir de leur terreur en reconnaissant leurs mauvais procédés vis-à-vis du blanc.

Ce qu'il y a de plus horrible, c'est que les femmes sont peut-être encore plus adroites que les hommes pour décapiter une victime ou dépecer un cadavre. En un tour de main et sans un coup à faux, elles enlèvent un bras ou une jambe à l'endroit précis de l'articulation et avec une rapidité qui démontre une grande habitude. Les plus habiles anatomistes des amphithéâtres de médecine n'arrivent pas à la cheville de ces monstres à face humaine. C'est surtout à elles qu'incombe le soin de faire bouillir la tête et les entrailles des victimes. Les chairs sanguinolentes sont à peines rôties sur des charbons ardents et dévorées telles quelles : le reste est dévoré par les chiens.

A propos de chiens, je dois faire une remarque qui a été faite dans d'autres contrées par plusieurs voyageurs, à savoir que tous ceux qui mangent du chien mangent de l'homme. C'est aussi vrai pour le pays qui nous occupe aujourd'hui. Les chiens sont élevés avec grand soin et, à défaut d'esclaves, ce sont eux qui fournissent la viande destinée aux repas.

Chose également digne de remarque, c'est que les tribus anthropophages sont constamment en guerre et que les cercles d'alliance sont excessivement restreints. Les villages très rapprochés sont sans cesse sur le qui-vive et les femmes qui travaillent dans les plantations, quoique restant continuellement sous la garde des guerriers, sont l'objet de l'attention des voisins qui les saisissent à la première occasion. Qu'un village ami jusque-là puisse enlever une victime, il ne manquera pas de le faire, et désormais c'est une haine éternelle qui est vouée au village agresseur. Vous ne pourrez plus faire amitié avec un village qui a mangé de *votre viande.*

Dans l'Oubanghi, il y a peu d'esclaves, car ceux-ci sont aussitôt immolés qu'achetés. Il n'y a d'exception que pour les sujets maigres, auxquels on accorde un sursis de quelques mois pour *se refaire la santé.*

Les prisonniers faits à la guerre sont immédiatement consommés : l'échange des captifs n'est point connu, chacune des deux parties préférant manger les prisonniers.

Dans chaque village, il existe sur la place publique une pierre taillée pour faire asseoir les victimes ; de petits canaux sont ménagés pour recueillir le sang, des pieux sont enfoncés en terre pour tenir les esclaves immobiles, et à quatre ou cinq mètres derrière, une tige d'arbre flexible vient se courber au-dessus de la tête du patient pour faciliter l'opération de la décapitation.

Ce qui prouve bien que souvent l'appétit grossier de chair humaine guide uniquement ces cannibales, c'est qu'un esclave chèrement acheté vivant est vendu à vil prix en détail. Ainsi un esclave sera acheté 200 mitakos : après le supplice, un bras sera vendu 2 mitakos, une jambe 4 et le reste à l'avenant : seuls le ventre et les petits intestins peuvent atteindre un prix plus élevé, cette partie du corps étant réputée la plus tendre et la plus délicate !

Cette vente en détail se répète assez souvent et chacun, en fin de compte, y trouve son profit, puisque le lendemain il rattrape en détail ce qu'il a perdu en gros la veille.

D'autres fois, l'orgueil ira se nicher jusque dans ces têtes incompréhensibles et ils immoleront de pauvres esclaves uniquement pour que la renommée aille porter au loin la richesse et la générosité du chef de la tribu ou du village.

Le 15 septembre de l'année dernière, il y avait grand bruit au village d'Infondo. C'est ce matin en effet qu'on doit couper le cou de Bandzinga, l'esclave d'Irébou que Molléki a acheté dernièrement.

Ah ! Molléki est un grand chef ! Il a beaucoup d'hommes, il a 30 femmes ; il possède de nombreuses pirogues, et quand il passe dans la rivière, les autres chefs viennent les premiers le saluer et lui dire : « Tu es venu, Molléki ! »

Molléki a beaucoup d'ivoire et il mange beaucoup d'hommes ; il est du reste fort généreux, car il partage la viande entre tous ses gens.

Molléki a acheté Bandzinga pour deux pointes d'ivoire, l'une dépassant la ceinture comme ça, l'autre venant à la hauteur de la cuisse. Si Molléki n'a pas donné davantage, c'est que Bandzinga était maigre ! Mais depuis ce temps Bandzinga a mangé beaucoup de bananes et du manioc, du maïs aussi et du poisson frais. Bandzinga était libre dans le village ; il allait, venait et causait avec tous ; il restait de longues heures étendu à terre sur une grande natte, fumant du chanvre ou du tabac, buvant du vin de palme et se mêlant aux conversations des passants. Bandzinga était heureux.

Un jour, une canonnière française aborde ce village. Bandzinga est reconnu par un des noirs de l'équipage qui avertit le capitaine, lequel offre de délivrer le malheureux. Bandzinga connaît également le sort qui l'attend, mais il ne veut pas se sauver à bord du vapeur et il reste tranquillement dans le village.

Et maintenant il est étroitement attaché sur la pierre qui se trouve au milieu de la place publique ; les bras et les jambes sont immobilisés ; la tête, maintenue par des lianes tressées avec soin, est tirée en l'air par une longue perche ployée à se rompre.

Hier soir, en causant avec ses femmes, Molléki a dit qu'il avait faim de viande, et aussitôt Bandzinga a été saisi et attaché. Il a résisté tout d'abord et a reçu quelques coups de couteau à droite et à gauche. Un fils de Molléki lui a fait de longues entailles dans le dos et a été dire à son père que Bandzinga était bon à manger. *Il a gagné beaucoup de graisse !*

Le soleil se lève et tout le village est en liesse. Bandzinga attend. Il ne peut plus crier ; mais ses yeux ont peur et les hommes se moquent de lui en diversant sur la qualité de la victime : « *Vraiment, sa peau est brillante ; ses muscles sont fermes ; il n'a pas de traces d'ulcères ; la chair paraît bonne et ce sera un fin régal.* »

Les femmes sont tout autour, les femmes de Molléki en tête, lavant leurs écuelles dans lesquelles elles recueilleront le sang de la victime. Les gamins se disputent (cet âge est sans pitié) pour approcher plus près ; ils aiguisent leurs couteaux sur la pierre commune et ils discutent sérieusement sur la valeur gastronomique des différents morceaux.

Les vieux guerriers sont plus calmes, de même que les vieilles femmes qui gourmandent les plus jeunes dont l'émotion joyeuse est trop visible. C'est peut-être pour cacher la leur !

Voici Molléki ! Le grand chef Molléki !

Il a apporté le couteau des sacrifices, le couteau fétiche qui lui vient de son père. Ah ! ce couteau a déjà coupé bien des têtes ! On le repasse lentement devant Bandzinga. Pourquoi se presser ? Le temps ne coûte rien et le soleil n'est pas encore bien élevé au-dessus de l'horizon. Et puis, celui qui va faire l'exécution a sa réputation à sauvegarder; les amis se trouvent là nombreux, ainsi que les curieux des villages voisins qui, n'étant pas invités, sont venus simplement en amateurs pour juger de la valeur du coup qui va trancher la tête de la victime. Un seul coup doit suffire, et si l'exécuteur s'y prend à deux fois, c'est qu'il a manqué d'adresse ou que son bras a été trop faible, et pendant longtemps on se moquera de lui.

Le couteau coupe, voyez !... Et du pouce on tâte le fil tranchant de la lame étincelante.

L'exécuteur s'approche de Bandzinga, lui fait une ligne blanche autour du cou et puis....... se retourne en colère contre deux enfants qui, étant trop près de lui, s'étaient embarrassés dans ses jambes : il les gourmande bien pendant dix minutes.

Bandzinga attend toujours.

Insensiblement le cercle se resserre autour de l'exécuteur qui s'est campé derrière la victime. Il va frapper ! Mais non. Il a vu un bout de liane qui dépasse la tête au-dessous de la mâchoire inférieure et il dépose son couteau pour l'arranger à son aise.

L'exécuteur lève son bras une première fois et abaisse son couteau vers la raie blanche. Tout le monde se tait. Le couteau se relève et tombe brusquement sur la marque, tranchant d'un seul coup la tête qui s'envole au bout de la perche en traçant une courbe sanglante!

L'exécuteur est un habile homme! Les chants de guerre retentissent et on exalte la gloire de Molléki.

Pendant ce temps, tous se précipitent; on recueille le sang; voici une jambe à droite, un bras à gauche; les femmes de Molléki emportent le tronc et les curieux mendient un morceau auprès de ceux qui ont été plus favorisés!

*
* *

Les esclaves désignés pour servir de victimes n'attendent pas toujours aussi stoïquement que Bandzinga le jour du supplice, ainsi qu'on va le voir par le fait suivant :

Au mois de janvier dernier, un jeune et vigoureux esclave, âgé de 18 ans environ, arrive un matin à notre Mission de Saint-Louis, seul dans une pirogue qu'il manœuvre avec dextérité. Il nous aborde et nous dit que son maître étant près de mourir, on devait immoler des esclaves en cette circonstance, car son chef était riche et puissant. Il ajoutait que, se trouvant dans les conditions d'embonpoint normal, il ne manquerait pas, lui Boulombé, de faire partie du contingent, et que c'était la raison pour laquelle il était venu se mettre sous notre protection. Nous le reçûmes à la Mission, mais la retraite du fugitif ne tarda pas à être connue du chef, qui nous envoya une ambassade pour le réclamer. Nous déclarâmes que si le fugitif ne voulait pas retourner chez son ancien maître, nous ne pouvions l'y contraindre par force et qu'il était devenu libre le jour où il s'était mis sous la protection de la Croix et du pavillon français. Le maître insiste et menace en adressant les plus violentes apostrophes à son esclave. Mais celui-ci tient bon et déclare énergiquement qu'il ne veut plus retourner chez lui mais rester avec les Pères. Nous étions d'autant mieux disposés à appuyer sa résolution que nous savions bien qu'il serait infailliblement mis à mort si nous le rendions à son maître.

Ne se rebutant pas, celui-ci vint quelques jours après faire de nouvelles instances, mais le jeune homme persistant dans son refus de le suivre, nous déclarâmes solennellement que Boulombé resterait avec nous. Toutefois, pour nous conformer à l'usage du pays et ne pas être traités de voleurs d'esclaves, nous donnâmes pour lui une valeur de 60 fr. en étoffes, en laiton, perles, etc., etc., ce qui constituait une rançon suffisante, le maître perdant toujours une certaine somme par le fait de la fuite d'un esclave. Ravi de joie, Boulombé demanda à s'embarquer sur le « Léon XIII », où il manœuvre aujourd'hui comme un vieux loup de mer.

La jalousie et la vengeance entrent quelquefois dans ces sacrifices humains. Dans le village d'Infondo dont il a été question plus haut, M. Dolisie eut l'occasion de sauver la vie au fils de ce fameux chef Molléki. Un jour qu'il explorait la rivière, il vit venir à lui un jeune homme de bonne taille tenant à la main une pagaïe et implorant sa protection. Puis, tout en donnant des explications, il se met à pagayer dans la pirogue de M. Dolisie, le courant étant très fort en cet endroit. Voici.

Le fils de Molléki avait toutes les faveurs de son père. La femme favorite de ce chef, mue par un sentiment de jalousie, jura un jour de manger de sa viande, et elle obtint enfin de Molléki qu'il sacrifierait celui que jusqu'à présent il aimait plus que les autres. Le fils du chef, qui tenait à la vie, profita du passage du blanc avec lequel il avait précédemment fait amitié et il lui demanda sa protection.

La question était délicate avec ces sauvages ; mais il n'y avait pas à hésiter. On offrit à M. Dolisie des chèvres pour avoir le fugitif. Il refusa naturellement. On lui offrit successivement un homme maigre, un homme gras et enfin l'homme gras et les chèvres. La victime, fils de chef, était d'un grand prix et *la viande devait avoir une grande dignité*. Mais M. Dolisie, loin d'accéder à leurs désirs, leur reprocha amèrement leurs barbares coutumes, et il partit emmenant ce jeune homme qui lui rendit de grands services durant ses explorations.

Au cours d'un autre voyage, le même explorateur aborda un village où il demanda du bois pour son vapeur. Au milieu des indigènes il en remarqua un qui vidait une écuelle, avec une grossière cuillère de bois : c'était tout simplement un crâne dont le cannibale absorbait la cervelle encore toute fumante.

Faisant une excursion sur ce même fleuve, je vis un soir quelque chose qui se débattait au milieu de l'eau. Les indigènes regardaient en curieux. Je leur demande ce que c'est. On me répond avec la plus grande insouciance que c'est un esclave qu'on a jeté au fleuve parce qu'il ne veut pas engraisser. Las de le nourrir et le voyant toujours malade, son maître l'avait jeté à la rivière pour s'en débarrasser. Je le fis recueillir et aussitôt je lui donnai un pagne pour se vêtir et de la nourriture pour se restaurer. Les indigènes, au comble de l'étonnement, me demandaient ce que je pourrais faire avec un pareil squelette. La charité était au-dessus de leur intelligence et ils ne voyaient que la perte matérielle que j'allais faire. De fait, le pauvre enfant mourut au bout de 15 jours après avoir reçu le saint Baptême.

Durant cette même excursion, j'eus l'occasion de racheter un enfant de douze ans destiné à la marmite des terribles Bondjos. Pendant le marché, l'enfant restait impassible sur la rive. Mais, aussitôt le marché conclu, notre Lougouri sauta lestement dans le « Léon XIII », reçut avec joie des bananes avec un joli pagne à fleurs rouges et s'adjugea la fonction d'aide-cuisinier. Il est aujourd'hui à la Mission de Brazzaville et il n'en revient pas d'avoir été si près de la marmite.

Un autre enfant, échappé au même sort et dans les mêmes conditions, nous donnait avec le plus grand sang-froid tous les détails de ces horribles festins, imitant les terreurs des victimes et la joie des convives au moment surtout où le sang sortait par la blessure du cou. Il nous assurait que cette viande avait réellement un goût particulier et que les petits intestins notamment n'étaient pas à dédaigner.

Tous ces faits malheureusement ne sont pas isolés, et pour peu qu'on voyage un seul jour sur l'Oubanghi, on voit un grand nombre de pirogues qui montent vers la tribu des Bondjos, emmenant des cargaisons d'esclaves qui seront échangés contre de l'ivoire.

Durant le cours de mes voyages j'ai pu voir les tristes trophées qui ornent les places publiques, aussi bien que l'intérieur et l'extérieur des cases. Ce sont autant de têtes de victimes immolées dans les festins, et les gros bonnets du pays se font remarquer par le *luxe* de leurs cases, où de nombreuses têtes sont rangées avec une coquette symétrie. Les mâchoires dépareillées n'y sont pas admises.

Le capitaine de la canonnière « Djoué », M. Dunod, faisait un jour un traité de protectorat avec un chef du haut Oubanghi. En attendant qu'un esclave lui apportât sa natte, le chef, avec la plus grande désinvolture, prit pour s'asseoir une tête qui avait servi à son repas de la veille.

*
* *

L'Oubanghi n'a pas seul le monopole de ces horribles coutumes. Les habitants du Congo et des autres affluents du grand fleuve mangent aussi la chair humaine, quoique d'une façon moins dévergondée. La mort horrible de deux soldats noirs de l'Etat indépendant du Congo est là pour prouver la vérité de ce que j'avance. Voici du reste le récit du troisième survivant :

« Le capitaine Haussens (1) nous avait placés, deux de
« mes camarades et moi, dans un village au confluent de
« l'Arouhimi (2) après avoir fait l'échange du sang avec le
« chef. Celui-ci nous avait engagés à ne pas quitter son
« village et à ne pas nous promener au loin.

« Les premiers jours se passèrent tranquillement. Puis,
« un midi, des Basokos nous invitèrent à aller à la pêche
« dans une île voisine, en nous promettant beaucoup de

---

(1) Ce récit est emprunté au livre du capitaine Coquilhat : « Sur le haut Congo. »

(2) C'est là que Stanley a quitté le Congo pour prendre la voie de terre, en se rendant à Wadelay au secours d'Emin-Pacha.

« plaisir. Je m'opposai à cette excursion, mais inutilement :
« mes compagnons partirent avec les pêcheurs. La nuit
« étant venue sans qu'ils fussent rentrés, je m'inquiétai et
« je me mis à rôder autour du débarcadère des pirogues.
« Celle des pêcheurs revint, mais je ne vis pas mes deux
« camarades. Pressentant une trahison, je m'établis près
« d'une case abandonnée. Une odeur de chair en cuisson
« arriva bientôt jusqu'à moi. Une idée effrayante me vint :
« on rôtissait peut-être le corps de mes deux compagnons.
« Je m'avançai lentement dans l'ombre et, à la lueur du
« feu, je vis les pêcheurs sortir de grands vases les restes
« dépecés de mes compatriotes.

« Je m'enfuis dans la forêt, mais pas trop loin des villages
» parce que c'était là que plus tard devaient revenir nos
« vapeurs. Pendant longtemps je vécus de racines et de
« fruits sauvages ; mais au bout d'un mois je fus découvert
« par une femme qui donna l'alarme, et l'on s'empara de
« moi.

« Rentré au village, j'y fus remis aux mains du chef auquel
« je fis remarquer en secret qu'il aurait un terrible compte
« à rendre aux hommes blancs quand ils reviendraient.

« Le chef m'engagea à dire au capitaine, à son retour,
« que mes deux compagnons s'étaient noyés, moyennant
« quoi il ferait tout pour me sauver la vie. Je promis
« naturellement tout ce qu'il voulut et, durant quelques
« semaines, je pus espérer échapper au trépas.

« Alors les indigènes vinrent réclamer mon corps pour
« un festin, en disant : Il est inutile d'espérer calmer le
« blanc en lui restituant un seul de ses hommes, et puisque
« nous avons tué les deux autres, il vaut mieux faire dispa-
« raître les témoins de cet acte.

« Le chef résista pendant plusieurs jours ; mais, voyant
« bien qu'il allait céder aux sollicitations de plus en plus
« pressantes des siens, je saisis l'occasion d'une nuit
« sombre pour me sauver une seconde fois dans les bois.
« Calculant, d'après ce que j'avais vu ordinairement, que
« nos vapeurs ne seraient pas à l'Arouhimi avant trois ou

« quatre mois, je m'enfonçai plus avant dans l'intérieur et
« recommençai ma vie misérable.

« Ayant végété ainsi pendant plus de trois mois, je
« m'avançai prudemment vers les villages, mais je fus
« repris de nouveau, étroitement lié et cette fois mis sous
« bonne garde : ma maigreur cependant fit renoncer aux
« cannibales à me sacrifier immédiatement, car, après mes
« affreuses privations, je n'avais plus que la peau et les os.
« On me donna beaucoup à manger et je ne sus pas résister
« à mon appétit. D'ailleurs, maintenu toujours immobile, je
« devais engraisser très vite. Au bout de quelques semaines
« je fus trouvé suffisamment refait pour être mangé. On fit
« les préparatifs du festin, et cette fois je vis ma dernière
« heure approcher sans espoir de salut.

« La veille du jour où l'on devait me mettre à mort, le
« soleil était déjà assez haut sur l'horizon, quand tout à
« coup un grand bruit se fit entendre dans les villages
« voisins du Congo. Tous les hommes prenaient les armes
« pendant que les femmes et les enfants emportaient les
« objets les plus précieux vers les sombres forêts.

« Ma tamba-tamba, s'écriait-on. Les Arabes! Les Arabes,
« chasseurs d'esclaves !

« Une fusillade violente éclata et, au milieu du désordre,
« je pus sauter dans un fourré voisin. Les Arabes, me pre-
« nant pour un indigène, me mettaient en joue, quand je
« m'écriai : « Mouana Boula Matari. *Sujet de Stanley.*
« J'étais sauvé ! On me délia.

« Peu de jours après j'étais remis à un de nos bateaux
« qui remontait le fleuve. »

Vous remarquerez l'ironie du sort qui fait rendre la liberté à ce pauvre soldat noir précisément par ces Arabes
qui mettent tout à feu et à sang dans le haut fleuve pour se
procurer de l'ivoire et des esclaves.

Si nous descendons un peu, nous voyons encore le cannibalisme exister chez les Baïanzis et les Batékés (1), rive-

(1) C'est pour nous conformer à l'orthographe française que nous
mettons à la fin des mots la marque du pluriel, car c'est au commencement des mots qu'elle a lieu dans la langue indigène.

rains du grand fleuve; mais si les festins de ce genre sont chez eux plus rares, ils n'en sont pas moins cruels.

Dernièrement encore, à l'entrée de la rivière Sanga, rive droite du Congo, un chef vint à mourir. Sa première femme fut étroitement amarrée et engraissée pendant quelques jours. A la solennité des funérailles, un garçon et une petite fille en compagnie d'un chien furent enterrés vivants avec le cadavre, pendant que la foule hurlante immolait la femme dont on se disputait les lambeaux.

* *
*

C'est au milieu de ces féroces tribus que la Mission de Saint-Louis de l'Oubanghi a été établie l'année dernière, et Poitiers peut revendiquer l'honneur de l'avoir pourvue de ses premiers apôtres. En effet, la divine Providence m'a accordé le bonheur d'avoir pour auxiliaires deux compatriotes et, je puis vous l'affirmer, leur dévouement est au-dessus de tout éloge. Si le P. Allaire n'est pas Poitevin d'origine, il l'est d'adoption, car il a passé 6 ans à l'école apostolique de Poitiers, où il a fait les plus sérieuses études. Le P. Moreau, natif de Coussay-les-Bois, est un Poitevin de vieille souche, et mes deux compagnons ont déjà montré qu'ils seraient à la hauteur des vaillants champions qui sont partis de l'illustre cité de saint Hilaire. Vous voudrez, je n'en doute pas, venir en aide à vos compatriotes, et par vos larges aumônes vous leur donnerez les moyens de fonder bien loin par delà les mers une œuvre qui sera votre gloire en même temps que leur consolation (1).

(1) Au moment de mettre sous presse, le P. Augouard nous communique de mauvaises nouvelles de l'Oubanghi. Au cours de son dernier voyage, le « Léon XIII » a été assailli à coups de fusil par de féroces indigènes qui avaient tué précédemment un capitaine blanc et deux noirs de l'Etat indépendant du Congo. Le petit vapeur a pu gagner de vitesse sur les pirogues qui n'ont pu lui faire aucun mal. En arrivant à Saint-Louis, un formidable ouragan a fait couler le « Léon XIII » qui a failli se perdre : on l'a renfloué avec beaucoup de peine. Enfin un des orphelins de la Mission a été pris par une panthère, et le lendemain on n'a retrouvé que la tête et quelques ossements. Les hommes, les bêtes et les éléments semblent se liguer contre la nouvelle

Nous voilà donc à Saint-Louis de l'Oubanghi. Nos missionnaires, qui ne vont point là pour vivre mais pour mourir, avaient fait à Dieu le sacrifice de leur vie ; mais il n'en fut point ainsi des Ballalis, ouvriers indigènes des environs de Brazzaville, qui n'étaient pas sans quelque crainte au sujet de leur peau dans ce pays d'anthropopha ges. Afin de se donner du cœur, chaque soir après le travail, ils se réunissaient pour danser, et le ménestrel de la bande exhalait mélancoliquement ses plaintes au sujet du P. Au gouard qui les avait jetés dans un pays perdu, peuplé de cannibales et de crocodiles. Les chants et les plaintes pre naient chaque jour un ton plus élevé, jusqu'à ce que la viande d'un énorme hippopotame vînt un jour leur faire oublier le souvenir de la patrie absente.

A côté de la question spirituelle et morale, il y a la question matérielle, qui est toujours une grosse affaire, surtout au centre de l'Afrique. Il faut, en effet, s'ingénier de toutes manières pour procurer de la nourriture à notre petit peuple noir, qui, sans demander la poule au pot d'Henri IV, ne dédaigne cependant pas un morceau de venaison. Nous profitons de nos excursions pour mettre la main sur une pièce avantageuse et de résistance. La pintade et le singe, que l'on rencontre par bandes nombreuses, sont réservés au blanc ; c'est du reste trop menu fretin pour une bande affamée.

Les bœufs sauvages se rencontrent par centaines ; mais outre que la chasse en est dangereuse, elle n'est point rému nératrice, car elle demande d'adroits chasseurs qui, géné ralement, ne se rencontrent pas sous notre soutane.

L'éléphant possède une quantité respectable de viande, mais il a un nez qui vous évente à des distances considé rables. Les trois pachydermes que nous avons pu avoir nous ont fourni d'excellents plats avec leurs trompes et une moyenne de 2.000 kil. de viande par animal.

Mais ce qu'il y a de moins dangereux et de plus pratique,

œuvre, et le démon ne veut pas sortir saus combat de l'empire où depuis des siècles il régnait en maître. Mais, avec l'aide de Dieu, la victoire restera à la Croix.

c'est l'hippopotame, qui se laisse tuer tout bêtement et qui alimente constamment notre table et la cuisine de nos enfants. On s'approche avec précaution des bandes nombreuses qui pullulent dans le fleuve, et il n'est pas rare que 5 ou 6 cartouches vous procurent 5 ou 6.000 k. de viande. Dès qu'il est touché mortellement, l'animal coule à pic ; mais il revient à la surface au bout d'une heure ou deu selon le degré de fermentation des aliments qu'il a absorbés précédemment. C'est alors que la chasse est loin d'être un amusement. Il faut aller lier la patte de l'amphibie dont la masse énorme entraîne les pirogues au milieu des courants parfois très violents, et, à force de rames, l'amener à terre. L'animal est alors dépecé : on coupe la viande en lanières longues d'un mètre et fort peu épaisses pour la faire dessécher au-dessus de feux produisant beaucoup de fumée. Pendant la nuit, tous nos marins noirs, au comble de la joie, absorbent de telles quantités de viande que très souvent ils s'en rendent malades. Les bons conseils sont peu écoutés devant de pareilles aubaines. Au bout de 2 jours, la viande devenue sèche est cousue dans des sacs et conservée pendant de longs mois.

C'est ainsi que nous nous efforçons de nous créer des ressources sur place afin de conserver nos fonds pour racheter les pauvres petits malheureux esclaves. Chose bien touchante, Mgr Carrie, en voyant les privations de ses missionnaires dans l'intérieur, voulut les imiter ; bien que résidant au littoral où l'on peut se procurer facilement un peu plus de confortable, il ne voulut toucher ni au pain ni au vin depuis 1887. Bien plus : dans une autre circonstance, il vendit une croix d'or qu'il avait reçue en cadeau et il la remplaça par une autre en cuivre, ce qui lui procura le moyen de soulager plusieurs infortunés. Il y a tant à faire sur tous les points du noir continent ! (Applaudissements prolongés.)

Comment procéder, me demanderez-vous, pour changer des mœurs aussi féroces ? Certes la chose ne sera ni rapide ni facile, mais avec la grâce de Dieu elle ne sera pas impossible. La présence seule des blancs dans une contrée suffit déjà pour inspirer aux indigènes la honte de leur cannibalisme.

C'est ce qui s'est passé à Linzolo, notre première Mission du haut fleuve. A mon arrivée on me demanda un jour un de mes hommes en échange d'un gros porc. Peu de jours après, nous apprîmes que les Batékés du village le plus voisin venaient de manger un homme : le voyant malade, ils lui avaient coupé la tête pour l'empêcher de mourir, car ils ne mangent pas les corps de ceux qui meurent de mort naturelle. Nous leur reprochâmes leur anthropophagie, mais ils répondirent que nous ne savions pas ce qui était bon, et ils se moquaient de nos répugnances.

Aujourd'hui non seulement ils ne se vantent plus de manger de la chair humaine mais encore ils affirment n'en avoir jamais mangé. S'ils pratiquent encore cette barbare coutume, c'est loin du voisinage des blancs et dans le plus grand secret.

Il faudra du temps, de la patience et des sacrifices pour civiliser ces vastes contrées, mais il en sera des hommes comme des nombreuses rivières qui viennent se jeter au Congo : les flots se heurtent et produisent des courants dangereux en se mêlant au grand fleuve, mais bientôt les eaux se mêlent et coulent unies vers l'immense Océan. Elle est profondément vraie cette maxime de l'Orient qui n'est après tout qu'une explication de l'Evangile : « Les gros fleuves, les grands arbres, les plantes salutaires et les gens de bien ont été créés non pas pour eux-mêmes, mais pour rendre service au genre humain ! » S'il en était toujours ainsi, que de transformations étonnantes ne verrions-nous pas bientôt au centre de ce sauvage continent !

*
* *

Et maintenant que faut-il faire pour arriver à la suppression prompte et sûre de ces affreuses coutumes ?

Comment d'abord supprimer l'esclavage ?

Hélas ! il faut bien l'avouer, et une expérience de bientôt treize ans me confirme dans cette idée, les nations européennes, quelque puissantes qu'elles soient, n'ont pas actuellement les moyens suffisants pour arriver à supprimer brusquemment cet odieux trafic de chair humaine. Il ne faut pas se faire illusion : des centaines de mille hommes et des millions de francs n'y pourraient suffire, car il s'agit d'enlacer et de surveiller les coins et recoins d'un pays trois fois plus vaste que l'Europe toute entière.

Cette question de l'esclavage a été étudiée par des esprits généreux qui n'ont pu y trouver une solution pratique. La répression à main armée sur certains points isolés de la côte orientale d'Afrique pourrait *peut-être* obtenir quelque succès, mais cette action est absolument impossible dans la partie qui nous occupe aujourd'hui.

Le savant Dr Schweinfurth, qui le premier découvrit le fameux Ouellé que l'on croit être le haut Oubanghi, étudia cette question sans pouvoir la résoudre.

En 1870, le gouvernement égyptien avait tenté quelque chose sur le Nil; mais, hélas ! ses officiers pratiquaient eux-mêmes la traite qu'ils étaient chargés d'interdire.

Quelques mois après, Sir Samuel Baker, avec une énergie au-dessus de tout éloge, tentait également cette magnanime entreprise en secondant les efforts du gouvernement égyptien auquel l'Europe forçait quelque peu la main.

Plus tard le général Gordon (1) se rendit à Khartoum pour continuer l'œuvre de Baker. On sait la lutte héroïque qu'il soutint avec tant d'énergie et de grandeur d'âme et la mort funeste qui en fut le couronnement. Le résultat de 18 années d'efforts fut que Khartoum tomba aux mains des Mahdistes qui possèdent maintenant sur le Nil les bateaux à vapeur dont l'activité devait précisément entraver l'abominable trafic auquel les négriers se livrent avec plus d'ardeur que jamais.

---

(1) Le général Gordon à cette époque devait venir au Congo comme administrateur général de l'Etat qui se fondait sous le haut patronage du roi des Belges. Le général demanda au roi s'il y aurait des missionnaires au Congo. Gordon étant protestant, Léopold II lui répondit qu'il y avait déjà des ministres anglicans. « Non, Sire, répondit Gordon, je ne veux pas parler des protestants; je veux parler des missionnaires catholiques romains. »

Que faut-il conclure de tout cela ? et d'où provient cet échec ? Il provient, à mon humble avis, d'une double cause que je me permettrai d'énoncer ici.

D'abord on s'est quelque peu trompé dans l'emploi des moyens. Ensuite l'égoïsme de l'Europe est venu pour ainsi dire annihiler les efforts généreux de ceux qui combattaient pour la plus noble entreprise.

Tout d'abord, l'emploi des moyens violents sera absolument insuffisant pour réprimer les horreurs qui se reproduiront partout où la présence directe et permanente de l'Européen ne se fera pas sentir. S'il demeure à poste fixe, le vide se fera bientôt autour ne lui et on le prendra par la famine. S'il se met en colonne expéditionnaire, il aura contre lui le climat, la maladie, les privations de toutes sortes, le défaut de connaissance de la langue et du pays, etc., etc. Enfin il aura comme adversaires des gens habitués au climat, connaissant partout et de loin la présence de l'Européen, armés de fusils à tir rapide et opérant en grand nombre. L'Européen sera donc dans un état d'infériorité manifeste, en même temps que dangereuse pour lui et pour les établissements qu'il aura à protéger.

Il me semble, du moins pour le Congo moyen, l'Oubanghi et les pays limitrophes, qu'il faut procéder d'une autre manière. On avait songé à organiser une croisière pour capturer tous les esclaves qu'on rencontrerait dans les pirogues. Mais outre que la chose serait bien vite éventée, ce procédé aurait l'inconvénient de faire confondre les blancs avec les Arabes qui opèrent de la même façon pour se procurer des esclaves.

L'esclavage est tellement entré dans les mœurs de ces peuples qu'ils prendront infailliblement pour des voleurs tous ceux qui tenteront la libération violente des esclaves. Du reste les esclaves eux-mêmes retourneraient à leurs anciens maîtres ou seraient repris par le premier chef qui les rencontrerait.

Au point de vue purement spéculatif, autre serait la situation si l'on pouvait en un seul jour et partout en même temps libérer tous les esclaves et forcer indistinctement tous les noirs au travail. Mais au point de vue pratique, le seul qui doive nous occuper aujourd'hui, qu'adviendrait-il de cette émancipation soudaine et non préparée? Le remède serait pire que le mal, et l'on verrait les esclaves d'hier s'unir aux hommes libres pour chasser l'Européen qu'ils considéreront toujours comme un étranger et un conquérant.

La liberté est une semence précieuse qui demande un terrain bien préparé pour porter des fruits sérieux de civilisation : la meilleure graine jetée à l'aventure au milieu des broussailles restera forcément stérile.

La méthode employée jusqu'ici par les Missionnaires est, il me semble, la seule pratique pour parvenir sûrement au but que l'on se propose. Fonder et multiplier les établissements scolaires et surtout agricoles est le seul moyen de civiliser ces contrées sauvages. L'adulte étant habitué à sa vie vagabonde et indépendante, il n'y a rien ou peu à faire avec lui. L'enfant est plus accessible à la civilisation et on peut assez facilement le dresser à tous les genres de travaux. Aussi nos établissements du Congo ont bien soin d'établir tout d'abord cette base fondamentale en réunissant le plus d'enfants possibles, soit en admettant des enfants libres, soit en recueillant des orphelins, soit enfin en rachetant de pauvres petits esclaves. Tous ces enfants, sans distinction, vivent en commun et ont, comme je l'ai dit plus haut, leurs journées partagées entre l'étude et les travaux manuels.

*
* *

On a beaucoup parlé de la richesse du Congo, mais il faut s'entendre à ce sujet. L'ivoire que les maisons de commerce exploitent en ce moment avec une fiévreuse ardeur finira bien par disparaître ou du moins par diminuer dans des proportions considérables. Admettons qu'il faille dix ans pour l'écoulement du stock qui se trouve actuellement dans les *magasins* indigènes : que faire après ces dix ans ? Que deviendront les maisons de commerce lorsque ce riche produit aura à peu près disparu ?

Pour moi, la véritable richesse du Congo ne consiste pas dans l'ivoire, mais bien dans les productions du sol qui, sans être très bon, peut cependant donner des résultats satisfaisants. Mais là précisément se présente la grosse difficulté. Si l'Européen entreprend de cultiver la terre avec des bras qu'il faudra payer, quelque minime que soit la rémunération, il perdra infailliblement de l'argent : le prix de revient dépassera de beaucoup le prix de vente. Les essais qui ont été faits depuis dix ans sur le café, le sésame, les arachides, le maïs, les haricots, le riz ont donné des résultats plus que médiocres.

Faut-il conclure de là que le Congo est improducteur et inaccessible à la colonisation ? A la colonisation telle qu'elle se pratique en Algérie, assurément oui ! Mais si les Européens — je parle surtout des pauvres colons sans expérience et sans confortable — ne peuvent tirer directement parti des richesses du Congo, ces richesses n'en existent pas moins, mais seulement aux mains des indigènes.

Aussi notre préoccupation constante a-t-elle été d'amener les indigènes à cultiver eux-mêmes à leurs risques et périls. Dans une année de disette ou de sécheresse, l'indigène se nourrira des racines de la forêt, de sauterelles, de chauves-souris, de rats, de serpents, etc., toutes choses qui entrent déjà dans son alimentation journalière ; mais que fera le colon européen ?

Jusqu'à présent les indigènes ne cultivent que juste ce qu'il leur faut pour ne pas mourir de faim. Ayant peu de besoins, dans un pays toujours chaud, ils vivent au jour le jour, sans penser au lendemain et se soucient fort peu de cultiver pour d'autres qui consommeraient leurs produits. Ils aiment mieux dormir ! Ils n'ont donc aucune réserve et vivent misérablement de ce qu'ils peuvent se procurer sans travail. C'est contre cette déplorable habitude que nous cherchons à lutter ; aussi toutes nos Missions sont-elles essentiellement des œuvres agricoles, dans lesquelles, dès leur jeune âge, les noirs sont habitués aux travaux des champs. Une fois mariés, ces jeunes gens n'ont pas de peine à travailler plus que les indigènes des villages païens; ils ont par le fait un plus grand bien-être et ils produisent en enrichissant le pays où ils se trouvent. Leur exemple entraîne aussi parfois les indigènes à les imiter, soit dans la construction de leurs cases plus grandes et plus commodes, soit dans leurs modes de plantations.

En se plaçant à un autre point de vue, il est également digne de remarque que les mœurs des tribus qui s'adonnent principalement à l'agriculture sont bien moins féroces que les mœurs des tribus qui s'occupent uniquement de commerce.

Mais les efforts partiels tentés dans nos différentes Missions auraient besoin d'être soutenus pour obtenir de plus grands résultats. Il faudrait multiplier ces centres de véritable civilisation, car, sans se faire illusion, on peut dire qu'une Mission, quelque pauvre qu'elle soit, fera toujours plus qu'une armée rangée en bataille. Oui, c'est précisément là le moyen véritable et peut-être unique pour faire disparaître ces horribles plaies de l'esclavage et du cannibalisme dont en Europe on ne se fait pas une idée. Sans doute il faudra des mois, des années et peut-être des siècles pour parvenir à ce résultat; mais croit-on que la force seule sera immédiatement couronnée de succès? Les Anglais en Egypte et au Soudan, les Italiens à Massaouah et les Allemands au Zanguebar sont encore là pour montrer que la solution du grand problème est ardue et épineuse.

***

Quoi qu'il en soit, fidèles à la parole du Sauveur qui a ordonné d'enseigner toutes les nations, nous allons toujours de l'avant, et la Croix suit de près les explorateurs quand elle ne les précède pas. Dans quelques mois, cette large tache blanche qui marque encore les cartes d'Afrique un peu au nord de l'Equateur aura disparu. Le vaste désert des géographes aura fait place aux nombreux cours d'eau et aux immenses peuples découverts par les missionnaires et les explorateurs. En ce moment même, une sérieuse expédition française, sous la direction de M. Crampel, secrétaire de M. de Brazza, part du haut Oubanghi pour se diriger par le Soudan français vers le lac Tchad et le haut Niger. On ne peut qu'encourager de tels efforts dont le succès ouvrirait un débouché considérable au commerce français en reliant le haut Congo à notre colonie du Sénégal.

Partout l'étendard du Christ va de conserve avec celui de la France, car la France est toujours la fille aînée de l'Eglise. Des méchants ont prétendu qu'il n'y avait point de patriotisme dans l'âme du prêtre ! Ah ! c'est qu'alors ils n'ont point senti les émotions et les battements de notre cœur lorsqu'à des milliers de lieues de la patrie nous voyons apparaître les couleurs de la France. Ils nous haïssent parce qu'ils ne nous connaissent pas, et nous prions Dieu de ne pas leur faire payer trop cher leur aveuglement. Nous nous vengerons en continuant cette vie de dévouement auquel un orateur peu suspect de partialité rendait dernièrement hommage en pleine Chambre française. (Applaudissements prolongés.)

O âmes chrétiennes, donnez de votre superflu ! Donnez même de votre nécessaire, car les misères que vous avez sous les yeux en Europe seraient un bonheur pour ces pauvres malheureux destinés à servir de nourriture à leurs semblables. Ah ! donnez vite, car les sacrifices humains continuent, et chaque jour ce sont de nouveaux esclaves qui sont inhumainement dévorés. C'est donner deux fois que de donner promptement.

O vous, favoris de la fortune, avez-vous songé quelquefois à ce que vaut l'ivoire de vos couteaux de table, de vos bracelets et de vos touches de piano ? Cet ivoire qui court sous vos doigts dans les fêtes et dans les festins, que ne peut-il vous dire par quelles péripéties il est venu jusqu'à vous ? Que ne peut-il vous narrer les fêtes sanglantes, les trafics infâmes et les crimes sans nombre dont il a été le

prix ? Ah ! sans doute vos cœurs seraient émus de compas-
sion et vous retrancheriez un peu de votre luxe pour venir
en aide à de si grandes infortunes. Nous donnons volontiers
notre vie, et c'est tout ce que nous possédons en ce monde;
mais vous, donnez votre or, et en bénissant Dieu d'être nés
dans des pays chrétiens, contribuez largement au salut de
tant de pauvres malheureux qui sont encore ensevelis dans
les ténèbres de la plus affreuse barbarie. Du fond de
l'Afrique une foule de malheureux enfants tendent vers
vous leurs bras suppliants : vous écouterez leurs prières et
vous augmenterez vos aumônes ; grâce à vous, ces esclaves
deviendront des hommes libres et des chrétiens, pendant
que les enfants morts dans l'innocence du baptême deviendront pour vous des protecteurs dans le Ciel.

O France généreuse, qui donnes ton or et tes enfants, de
beaux jours te sont encore réservés, malgré tes égarements.
Sois à jamais bénie pour tant d'œuvres de charité que tu
soutiens au prix des plus grands sacrifices. Et vous, cœurs
généreux qui m'écoutez, écriez-vous avec moi à la fin de
cette conférence :

Vive le Christ qui aime les Francs !

Vive la France, fille aînée de l'Eglise ! (Bravos et
applaudissements prolongés).

POITIERS. — TYPOGRAPHIE OUDIN ET Cⁱᵉ.